Este libro pertenece
a mi amigo:

Alexonara

# Resolución de problemas

Editado por Scholastic Inc., 90 Old Sherman Turnpike, Danbury, CT 06816

SCHOLASTIC y los logotipos asociados son marcas de producto y/o marcas registradas de Scholastic Inc.

ISBN 0-439-90520-6

Título del original en inglés: The Brightest Star

Traducción de Daniel A. González y asociados

Impreso en Estados Unidos de América

Primera impresión de Scholastic, septiembre de 2006

# La estrella más brillante

por
**Kitty Fross**

ilustrado por
**A&J Studios**

SCHOLASTIC INC.
Nueva York  Toronto  Londres  Auckland  Sydney
Ciudad de México  Nueva Delhi  Hong Kong  Buenos Aires

Un día soleado, mientras la mamá y el papá de Dora
estaban preparándose para dar una gran fiesta, Dora y
su amigo Boots estaban haciendo sus propios planes.

—Boots, voy a buscar a Luz, la estrella más brillante de la Montaña de Estrellas, para dar una gran sorpresa esta noche. ¿Me ayudas a encontrarla?

—¡Claro, Dora! —respondió Boots.

—Vamos a preguntarle a Map cómo encontrarla —sugirió Dora.

Map saltó del bolsillo de Backpack, la mochila de Dora.
—¡Yo sé dónde encontrar la estrella más brillante! —dijo—.
Primero, tienen que atravesar la Colina Más Alta. Luego
tienen que cruzar el Río Más Amplio. Entonces tienen que
seguir el Camino Más Recto hasta la cima de la Montaña
de Estrellas. ¡Y ahí encontrarán la estrella más brillante!

—La Colina Más Alta, el Río Más Amplio, el Camino Más Recto —repitió Dora—. ¡Vamos, Boots!

Muy pronto, Dora y Boots vieron tres colinas.

—Esa de allá es muy alta —observó Boots.

—Pero aquella es aún más alta —dijo Dora.

—¡Pero aquella de allá es la más alta de todas!
—coincidieron los dos. Y la atravesaron.

—¡Ahora, vamos a encontrar la estrella más brillante!
—cantó Dora cuando llegaron al otro lado de la montaña.

Más allá de la Más Alta de las Colinas, se extendían tres ríos. Dora y Boots se detuvieron frente al primer río.

—Este río es muy amplio —dijo Boots.

—Sí, pero podemos cruzar por estas piedras —dijo Dora.

En muy poco tiempo estuvieron del otro lado.

El segundo río era aún más amplio
que el primero.

—¡Pero podemos cruzarlo por este
puente! —señaló Boots.

El tercer río era tan amplio que Dora y Boots no podían ver la otra orilla. —¡Este debe ser el Río Más Amplio de todos! —coincidieron.

No había piedras ni puentes para cruzar.

—¿Cómo vamos a cruzar? —preguntó Boots.

—¡Mira, Boots! usemos esa balsa para cruzar el Río Más Amplio —exclamó Dora.

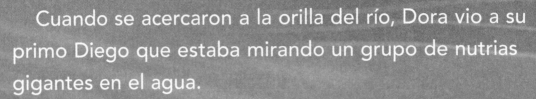

Cuando se acercaron a la orilla del río, Dora vio a su primo Diego que estaba mirando un grupo de nutrias gigantes en el agua.

—Hi, Diego!

—Hi, Dora! Hi, Boots! —dijo Diego—. ¡Miren como nadan estas nutrias!

—Si pudiéramos nadar como ellas, ¡cruzaríamos el río muy rápido! —observó Boots.

—¡Buena idea, Boots! —dijo
Diego—. Diego pegó un aullido y la
nutria más grande se acercó nadando.
—Esta nutria les ayudará a cruzar el río —explicó Diego.

Dora y Boots se subieron a la balsa y con un coletazo la nutria los empujó rápidamente hasta cruzar el río. Al llegar saltaron a la orilla, le agradecieron a la nutria gigante por su ayuda y caminaron hacia el pie de la montaña.

—Map nos dijo que tomáramos el Camino Más Recto —dijo Dora—. ¿Lo ves?

19

Así subieron, siguiendo el Camino Más Recto. Por todos lados se oía un coro de voces agudas.

—¡Güiiiiiiiii! —cantaban las voces— ¡Alcánzame! *Catch me*! ¡Alcánzame!

Pronto llegaron a la cima de la montaña.

—¡Mira todas esas estrellas, Dora! —exclamó Boots—. ¿Cómo vamos a encontrar la más brillante de todas?

Tres estrellas volaron cerca de Dora y Boots. ¡Alcánzame! Soy una estrella brillante —cantó la primera. —¡No, yo soy más brillante! —cantó la segunda. —¡Yo soy la más brillante de todas! ¡Alcánzame! —dijo la tercera estrella.

—¡Es Luz! ¡La estrella más brillante! —exclamó Dora—. ¡Rápido, Boots! ¡Vamos a alcanzarla!

Dora y Boots se estiraron hacia arriba y juntaron las palmas de las manos.

—¡Me alcanzaste! —cantó la estrella con alegría.

Luz voló directo al bolsillo para estrellas de
la mochila de Dora.

—Ya casi es hora de la fiesta —Dora le dijo
a Boots— ¡Vamos a casa!

De vuelta en la casa de Dora, la fiesta estaba empezando.

—Mira, ¡todos nuestros amigos están aquí! —dijo Boots emocionado—. ¿Ya es hora de la sorpresa?

—¡Sí, Boots, ya es hora! —respondió Dora. Luego se aclaró la garganta —Reúnanse todos —dijo— ¡Boots y yo les tenemos una sorpresa! Entonces Dora buscó en su bolsillo para estrellas. —Prepárate, Luz —susurró—, ya sabes qué hacer.

Dora lanzó a Luz alto en el aire.

La brillante estrella se mantuvo inmóvil en el aire por un momento y luego . . . ¡Jisssssss-búm! De pronto, en el cielo estalló una lluvia de brillantes y coloridos fuegos artificiales.

¡Qué fabuloso! —exclamó Diego— ¡Ésta es una sorpresa excelente!

—¡Es mejor de lo que había imaginado! —coincidió
Dora— ¡Muy bien, Luz!

—¡Creo que es la mejor sorpresa que he visto en toda
mi vida! —dijo Boots bailando de alegría mientras veía los
fuegos artificiales en el cielo.

# Fundamentos de Aprende jugando de Nick Jr.™

**¡Las habilidades que todos los niños necesitan, en cuentos que les encantarán!**

 **colores + formas**
Reconocer e identificar formas y colores básicos en el contexto de un cuento.

 **emociones**
Aprender a identificar y entender un amplio rango de emociones: felicidad, tristeza, entusiasmo, frustración, etc.

 **imaginación**
Fomentar las habilidades de pensamiento creativo a través de juegos de dramatización y de imaginación.

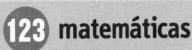 **matemáticas**
Reconocer las primeras nociones de matemáticas del mundo que nos rodea: patrones, formas, números, secuencias.

 **música + movimiento**
Disfrutar el sonido y el ritmo de la música y la danza.

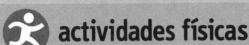 **actividades físicas**
Promover coordinación y confianza a través del juego y de ejercicios físicos.

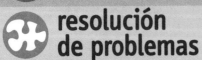 **resolución de problemas**
Usar habilidades de pensamiento crítico (observar, escuchar, seguir instrucciones) para hacer predicciones y resolver problemas.

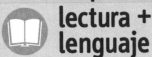 **lectura + lenguaje**
Desarrollar un amor duradero por la lectura a través del uso de historias, cuentos y personajes interesantes.

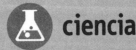 **ciencia**
Fomentar la curiosidad y el interés en el mundo natural que nos rodea.

 **habilidades sociales + diversidad cultural**
Desarrollar respeto por los demás como personas únicas e interesantes.

# Resolución de problemas

## Estímulo de conversación

*Preguntas y actividades para que los padres ayuden a sus hijos a aprender jugando.*

Luz iluminó el cielo ¡y sorprendió a todos en la fiesta! Dibuja algunas de las estrellas que Dora y Boots vieron en la Montaña de Estrellas. ¿Cuál es la estrella más brillante? ¿Cuál es la más grande? ¿Y la más colorida?

Para encontrar más actividades para padres e hijos, visita el sitio Web en inglés www.nickjr.com.

# GLOSARIO ESPAÑOL/INGLÉS
## y GUÍA DE PRONUNCIACIÓN

| ESPAÑOL | INGLÉS | PRONUNCIACIÓN |
|---------|--------|---------------|
| Hola | Hi | jái |
| Alcánzame | Catch me! | cach mi |
| Adiós | Good-bye | gud-bái |